UNE

CRÉATION DE LOUIS XVIII,

SIMPLE HISTOIRE

RACONTÉE

AU CONGRÈS SCIENTIFIQUE D'ARRAS,

Par le Dr E.-A. ANCELON,

Vice-Président de la Section de Médecine.

AUX PÈRES DE FAMILLE.

DIEUZE,

MAINBOURG, IMPRIMEUR - LIBRAIRE.

— 1853. —

UNE

CRÉATION DE LOUIS XVIII,

SIMPLE HISTOIRE

RACONTÉE

AU CONGRÈS SCIENTIFIQUE D'ARRAS.

> Souvent la peur d'un mal
> nous conduit dans un pire.
> LAFONTAINE.

1. Dans les premiers mois de l'an 1803, au moment où le comité central signait le rapport définitif qui devait rendre la vaccine obligatoire, le Premier Consul, avec cette prescience qui est l'apanage du génie, voulut, en faisant entrer la France dans une voie nouvelle, laisser sur l'ancienne voie un monument qui put indiquer aux générations à venir

le degré de reconnaissance que méritait la découverte de Jenner.

Le comité central avait dit : « La multiplicité des observations supplée, en médecine, au temps qui doit nous instruire. » Mais cette maxime, entièrement neuve, ne pouvait satisfaire l'esprit logique du grand homme.

La France était en paix avec l'Europe. Des hommes distingués étaient placés au sommet des administrations départementales. Le Premier Consul ordonna le relevé général des décès de l'an X, avec la distinction *des âges* des décédés. Il fut ponctuellement obéi, et le tableau qui renfermait ces documents authentiques fut inséré au Moniteur officiel, n° 109 de l'an XI. En 1815, Fodéré le reproduisit au premier volume de sa médecine légale.

Le total général des décès, morts nés à part, montait à 875,490 ; les jeunes gens de 20 à 30 ans y figuraient pour 44,280 : soit 5,06 pour 100.

La mortalité de la jeunesse française n'avait donc pas encore augmenté en 1802 et les résultats donnés par Buffon pour Paris ne s'éloignaient que très peu de ceux que présentait la France, sur l'ensemble de ses 108 départements.

On est instamment prié de ne pas perdre de vue cette importante conclusion.

2. Plus tard, de 1818 à 1824, les annuaires successifs du bureau des longitudes, reproduisant les relevés mortuaires de Paris, signalèrent, à ne pou-

voir s'y méprendre, le prodigieux et rapide accroissement du rapport entre les décès de 20 à 30 ans et la mortalité générale de cette ville. Au lieu d'être de 5,25 pour 100, comme au 18ᵉ siècle, ce rapport s'était élevé

à 7,55 pour 100 dans l'année 1816;
à 8,80 — id. — 1817;
à 9,28 — id. — 1818;
à 10,64 — id. — 1819;

Ayant dès lors *plus que doublé !*

Il y avait là, certes, pour un Roi intelligent, un grave motif d'inquiétude. Louis XVIII s'alarma, et créa immédiatement, au mois de décembre 1820, l'académie royale de médecine.

Il lui donna pour mission spéciale, dans le préambule de son ordonnance, le *perfectionnement de l'art de guérir et la suppression des abus qui l'entravent.* Ce sont ses propres expressions.

Pour juger de quelle manière furent remplis les vœux du Roi, il suffit de suivre, par période décennale, la marche du rapport entre la mortalité de la jeunesse et la mortalité totale.

En 1819, je viens de le dire ; ce rapport était de 10,64 pour 100.
De 1820 à 1829 — 10,88 — id.
De 1830 à 1839 — 12,10 — id.
De 1840 à 1849 — 13,40 — id.
En 1838 il s'éleva à 14,08 — id.
En 1842 à — 14,20 — id.
En 1849 à — 14,53 — id.

(Annuaire du bureau des longitudes de 1822 à 1851).

Qu'à-donc fait l'académie ? Que devait-elle faire

Elle ne pouvait ignorer les faits antérieurs à sa création. Elle ne les ignorait pas, car, à cette époque, elle couvrait de sa haute approbation un ouvrage de M. le docteur Lachaise, intitulé Topographie Médicale de Paris, où se trouve cette phrase remarquable, page 224 :

« Si maintenant nous passons à l'exa-
» men des quatre dernières années du
» troisième septénaire et des quatre
» premières du quatrième, (18 à 25 ans)
» nous ne tarderons pas à trouver *exagéré*
» le degré de certitude qu'ont, *jusqu'ici*,
» supposé, pour la vie de l'homme une
» fois entré dans l'âge viril, tous ceux
» qui se sont occupés des probabilités
» de la vie humaine. »

L'académie ne devait-elle pas s'empresser de vérifier si la contradiction signalée par M. Lachaise entre les relevés mortuaires de Paris au 18ᵉ et au 19ᵉ siècle provenait d'erreurs commises par Deparcieux, Dupré de Saint-Maur et Buffon, où s'il fallait y reconnaître un accroissement réel de la mortalité juvenile ? N'était-ce pas là, pour elle, un devoir ?

Ouvrant alors les annuaires du bureau des longitudes depuis 1815, elle eut reconnu sans peine que sur 6,298 décès (féminins) *au dessus* de l'âge de 15 ans, enregistrés en 1815, 541 avaient eu lieu entre 15 et 25 ans, soit, *sur mille,* 86; qu'en 1814, cette proportion s'élevait à 91, *tout comme l'indiquait*

Buffon ; et qu'augmentant rapidement d'année en année, elle atteignait, dès 1819, cinq ans après, le chiffre 139, la mortalité de cet âge s'étant accrue, en définitive, de 10 pour 100 *par an*, dans ce court intervalle de temps !

Dans ce seul fait n'y avait-il pas matière à de profondes méditations, à de nouvelles recherches et à des doutes très sérieux pour des hommes qui eussent été moins énivrés de vaccin que MM. de l'académie ?

Que fit-elle au contraire ?

Jugeant qu'on avait jusqu'alors vacciné *trop peu*, elle imprima une nouvelle et vigoureuse impulsion à cette pratique et employa tous ses efforts, tous ceux de l'administration à la propager jusqu'aux extrémités de la France, jusque dans les moindres chaumières. Le peuple de Paris avait senti réfroidir son zèle en 1814, en voyant la petite vérole apparaître sur les vaccinés de 1800 et les emporter sans miséricorde. Ses instincts primitifs de répulsion avaient repris le dessus, en voyant les fièvres de mauvais caractère doubler en même temps que l'épidémie variolique sévissait avec une vigueur dont on avait perdu l'habitude ! Tous les moyens semblèrent licites pour réchauffer l'ardeur qui s'éteignait : primes aux vaccinateurs, primes aux vaccinés, refus d'instruction, refus d'asile, refus d'aumône aux malheureux qui ne voulaient pas se laisser séduire par les protestations des adeptes et qui préféraient s'en remettre, pour la conservation de leurs enfants, au Dieu qui les avait fait naître !

Le zèle de l'académie porta quelques fruits; puis vint l'épidémie variolique de 1825, si funeste aux vaccinés. La population fut consternée, et le nombre des enfants de Paris, soumis à la pratique Jennérienne, dépassa rarement, depuis lors, le tiers des naissances de la ville. Ces cinq ans de vaccination réchauffée (1821 à 1825) présentèrent, *une vingtaine d'années après*, un résultat remarquable, qu'il est urgent de signaler.

De 1838 à 1842, le rapport de la mortalité juvénile à la mortalité totale fut de 13,69, ayant ainsi augmenté de 30 pour 100 depuis la création de l'académie.....!

Et cependant, lorsque furent signalés, en 1849, par M. Carnot, ces chiffres et ces faits authentiques, l'académie de médecine, protestant contre ce qu'elle avait elle-même reconnu 28 ans auparavant, n'hésita pas à les nier dans un rapport officiel au ministre sur les vaccinations de 1848 !

« Gardons-nous de croire, est-il dit
» dans ce rapport, que sous le règne
» de la vaccine, le nœud de la vie soit
» plus facile à dénouer dans la jeunesse
» qu'auparavant. »

L'académie croit-elle donc son existence tellement attachée à la réputation de Jenner que tous les moyens lui semblent bons pour retarder, de quelques années, la chute infaillible de l'empirique anglais ? Les défenseurs de la vaccine, niant des faits incontestables, ne ressemblent-ils pas à nos jeunes avocats d'office, réduits à protester avec de grands éclats de voix contre les plus évidentes preuves accumulées par les juges d'instruction ? Tout le verbiage de ceux-ci a-t-il sauvé jamais un seul de leurs tristes clients ?

www.ingramcontent.com/pod-product-compliance
Lightning Source LLC
Chambersburg PA
CBHW070439080426
42450CB00031B/2728